WATCHMAN NEE

El
avance
espiritual

Living Stream Ministry
Anaheim, California

ISBN 0-7363-0354-5

Traducido del inglés
Título original:
Spiritual Progress
(Spanish Translation)

Living Stream Ministry
1853 W. Ball Road, Anaheim, CA 92804 USA
P. O. Box 2121, Anaheim, CA 92814 USA
98 99 00 01 02 / 9 8 7 6 5 4 3 2 1

EL AVANCE ESPIRITUAL

Lectura bíblica: Lc. 14:26-27, 33

Todo creyente debe avanzar espiritualmente, pero ¿qué es avanzar espiritualmente? ¿Cómo podemos progresar en la vida espiritual? ¿Cuáles son las manifestaciones de que un cristiano está avanzando espiritualmente? Aunque ésta es una buena pregunta, no podemos abarcar todo el tema en este mensaje. Sólo lo mencionaremos brevemente. Según la Biblia y la experiencia de los santos, el avance espiritual es el aumento del elemento de Dios en nosotros. Dios es Espíritu, y si el Espíritu de Dios mora en nosotros, estamos en el espíritu (Ro. 8:9). El avance espiritual es el aumento del elemento de Dios en nosotros. Supongamos que el elemento de Dios era de cien unidades en el momento en que fuimos salvos. Si hemos tenido algún progreso en asuntos espirituales, entonces el elemento de Dios habrá aumentado en nosotros. Si el elemento de Dios en nosotros llega a ser de doscientas o trescientas unidades, quiere

1

decir que hemos tenido algún progreso espiritual.

En el principio cuando Dios creó al hombre, hizo de él un vaso. El propósito eterno de Dios era entrar en el hombre y mezclarse con él para llenarlo de Sí. El fracaso de Adán y Eva consistió en impedir que Dios llevara a cabo este propósito. Por el contrario, fueron apartados de Dios. ¿Qué significa ser apartado de Dios? Significa que el hombre no le da a Dios el debido lugar dentro de sí. ¿Qué quiere decir no darle el debido lugar a Dios? Significa que otras cosas han venido a ocupar el ser interior del hombre. Cuando Adán y Eva comieron del fruto del árbol del conocimiento del bien y el mal, el mandato de Dios no los llenó; fueron llenos con el fruto del árbol del conocimiento del bien y el mal, el cual era bueno para comer, agradable a la vista y codiciable para alcanzar sabiduría. Todo esto usurpó el lugar de Dios en ellos. Como consecuencia, cayeron. Mientras haya alguna cosa, asunto o alguna persona que tome posesión de uno, uno habrá perdido la presencia de Dios.

Debemos preguntarnos cuál es nuestra condición. Desde el día en que fuimos salvos hasta ahora, ¿cuántas cosas, asuntos y personas todavía ocupan nuestro ser y privan a Dios del lugar que le corresponde? Necesitamos mirarnos a nosotros mismos. Queridos hermanos y hermanas, si el Espíritu de Dios abre aunque sea un poco nuestros ojos, inmediatamente veremos que hay muchas cosas en todo nuestro ser que ocupan el lugar que solamente le pertenece a Dios.

Un hermano dijo en cierta ocasión que el corazón del hombre es muy pegajoso; todo lo que se le atraviesa se le pega, ya sea ropa o una mesa. A veces nos apegamos a una vida fácil, y otras veces, nos adherimos a ambiciones personales. Cuando nos adherimos a algo, no podemos amar a Dios de una manera apropiada. No sólo nos apegamos a lo que tenemos, sino también a lo que no tenemos. Podemos aún adherirnos a nuestras dificultades, imaginaciones o vanagloria. No importa a qué se apegue nuestro corazón, mientras haya algo usurpando el lugar de Dios en nosotros, estamos caídos. Cada vez que el lugar de Dios es usurpado en nosotros, venimos a ser personas caídas. Una persona puede haber sido salva durante diez años. Durante los primeros cinco años puede haberle ido bien, pero en los siguientes cinco años hubo algo en su corazón que tomó el lugar que corresponde a Dios, y vino a ser una persona caída. Aunque siguió yendo a las reuniones, orando y sirviendo a Dios, interiormente había caído. Hermanos y hermanas, la meta de Dios es que el hombre sea un vaso que lo contenga. Mientras seamos ocupados por algo que no sea Dios y mientras no le demos a El el debido lugar, seremos personas caídas.

Un hermano puede decir que otro hermano ama a su hijo demasiado y que éste ha usurpado el lugar de Dios, pero que su propio hijo no ha usurpado el lugar de Dios, porque su hijo no ocupa un lugar tan especial. En realidad, ambos están errados. Si su hijo es especial, puede usurpar el lugar de Dios, y si no es muy especial, también puede usurpar el lugar de Dios. Uno puede dejar de amar a Dios porque su hijo es demasiado especial, y también porque no es muy especial. Si hay algo que ocupe el lugar que corresponde a Dios, entonces uno ama aquello más que a Dios.

Por consiguiente, es fácil encontrar el significado del avance espiritual y los medios de progresar espiritualmente.

Ya mencionamos el aspecto positivo del progreso espiritual, que es el aumento del elemento de Dios en nosotros. Miremos ahora el otro aspecto del avance espiritual. El avance espiritual consiste en ser despojados de ciertas cosas nuestras en nuestro ser interior. Tan pronto algo es quitado de nosotros, avanzamos espiritualmente. Cuando algo que usurpa el lugar de Dios es quitado de nosotros, progresamos espiritualmente.

Supongamos que una persona se preocupa por hablar demasiado. Cada vez que usted se encuentra con dicha persona, ella habla sin parar. Si aquella persona desea tener algún progreso espiritual, debe ser librada de su locuacidad. Se verá el avance espiritual cuando deje de hablar en exceso. El avance espiritual es el aumento del elemento de Dios en nosotros y también la eliminación de elementos nuestros que no son Dios. No debemos pensar que podemos tener algún avance espiritual simplemente asistiendo a reuniones u oyendo mensajes. El progreso espiritual no sólo implica adición, sino también substracción. Asimilar ocho o diez mensajes no es sinónimo de progresar; incluso puede ser un estorbo. El avance espiritual es el aumento del elemento de Dios y la eliminación de todo lo demás. Hermanos y hermanas, ¿qué es el avance espiritual? ¿Es acaso escuchar algún mensaje? No. Cuando escuchamos un mensaje, éste sólo llega a nuestra mente, pero no constituye ningún progreso. Si algo es eliminado de nosotros, estamos progresando. Si el elemento de Dios se aumenta en nosotros, estamos progresando.

Muchos creyentes son librados de los placeres del pecado en el momento de ser salvos. Sin embargo, ser libres del pecado no es suficiente. El avance espiritual consiste en ser libres de todo lo que usurpa el lugar de Dios. Hermanos y hermanas, no sólo debemos ser limpios sino también puros; no debemos ser ocupados por nada que no sea Dios. Cada vez que Dios nos quite algo que no sea El mismo, avanzamos espiritualmente. Debemos preguntarnos continuamente si estamos siendo despojados de lo que no sea de Dios. Debemos recordar que si nada es eliminado de nosotros, no progresamos espiritualmente. Si nada ha sido desechado de nosotros durante un mes o un año, no habremos progresado en ese mes o en ese año. Hermanos y hermanas, el progreso espiritual trae consigo el aumento del elemento de Dios, e implica que nosotros menguamos. Un creyente que mengua a diario experimenta un gran progreso. Puede ver que la vanidad no debe tener lugar en él y mengua. Dos días después, se da cuenta de que el orgullo no tiene cabida en él y disminuye un poco más. Después del quinto día, descubre que no puede tolerar los chismes y decrece aún más. Después de siete días, ve que su impaciencia no puede ocupar un lugar en él, y mengua más. A algunos se les hace muy difícil deshacerse del amor al dinero. Para otros es muy difícil hacer a un lado su ira. A otros les parece muy difícil desechar la pereza. Algunas cosas sólo pueden ser eliminadas en forma gradual. Pueden necesitar diez años antes de que las haya expulsado por completo. Deshacerse de cosas es una especie de muerte. Morir al dinero, significa soltar el dinero; morir al mal genio significa desechar la ira. En el aspecto positivo, el progreso espiritual significa que el elemento de Dios aumenta en nosotros. En el aspecto negativo, significa ser despojados poco a poco de muchas cosas internas.

¿Cómo podemos librarnos de estas cosas? En términos sencillos, el amor de Dios opera primero en una persona que es salva. Cuando esta persona es constreñida por el amor de Dios, su corazón se vuelve hacia Dios, y el Espíritu de Dios tiene la oportunidad de operar en su interior. Cuando esto sucede, la persona es iluminada y puede ver. Una vez que ve algo, el Espíritu Santo intensifica Su obra. El creyente obedecerá al Espíritu, y algo será eliminado en él. Un día el amor de Dios lo constreñirá de manera inexplicable, y su corazón se volverá a Dios, y podrá decir: "Dios, te amo". Cuando esto sucede, el Espíritu Santo lo ilumina. Una vez que el Espíritu lo ilumina, puede ver algo, y esto, a su vez, intensifica la acción del Espíritu Santo; entonces uno inmediatamente obedece y dice amén. Esta obediencia eliminará algo. El avance espiritual está determinado por la medida en que las cosas sean eliminadas. El Señor les dijo a los discípulos: "Todo aquel que no renuncia a todo lo que posee, no puede ser Mi discípulo" (Lc. 14:33). Algunos renuncian a todas las cosas, sólo para volverlas a tomar poco después. Cuando el Señor Jesús habló de la necesidad de renunciar a todo, quiso decir que debíamos llevarlo a cabo por el Espíritu que mora en nosotros. Por consiguiente, la obra de la cruz sólo puede ser ejecutada por el Espíritu Santo, y sólo entonces las cosas podrán ser eliminadas. ¿Cómo puede el Espíritu Santo efectuar la obra de la cruz? Mientras nuestro corazón esté abierto al Señor, el Espíritu nos aplicará la cruz. En la cruz, el Señor ya efectuó la obra de despojarnos. En la actualidad la realización de esta obra de despojar que lleva a cabo el Espíritu, se basa en el grado al cual nuestro corazón se vuelva a Dios.

Repito que el progreso espiritual es el aumento del elemento de Dios, y que por otra parte es la disminución de las cosas que usurpan el lugar de Dios. La medida de esta disminución depende del grado al que nuestro corazón se haya vuelto a Dios. ¡Cuánto desearíamos que algo pudiera ser quitado de nosotros diariamente! Esto es morir diariamente. Si no somos despojados de nada, nuestro progreso estará detenido.